Positives Denken

*In 25 Schritten positiv Denken
lernen für mehr Optimismus,
Lebensfreude
&
Zufriedenheit
Langfristig zufrieden werden
&
ein erfülltes Leben führen
Ratgeber Buch*

Inhaltsverzeichnis

Positives Denken – der Weg zum persönlichen Erfolg

Es gibt solche Menschen, die scheinbar immer und in jeder Lebenslage Erfolg haben und gesetzte Ziele mühelos erreichen. Egal, was sie auch anpacken, es gelingt ihnen ohne Wenn und Aber. Sie leben in einer harmonischen, gut funktionierenden Beziehung und haben den Traumjob, den sie immer haben wollten. Ängste und Nöte kennen diese Menschen nicht. Ihr Leben gestalten sie so, wie es ihnen gefällt.

Auf der beruflichen Karriereleiter gibt es keine Falltüren oder Stolpersteine, die das Erreichen des Ziels beschwerlich und anstrengend gestalten. Sie scheinen das Glück für sich gepachtet zu haben. Als Bonus obendrauf besitzen diese Menschen eine unbeschreibliche Motivation, die keine Zweifel aufkommen lässt, dass das gesetzte Ziel nicht erreichbar ist.

Was machen diese Menschen anders? Es gibt zwei interessante Sätze, die Sie sich merken sollten.

1. Erfolg bekommt man nicht geschenkt!

2. Erfolg muss man sich verdienen!

Hinter Erfolg steckt nämlich bedeutend mehr, als Sie vielleicht im ersten Moment annehmen. Bei erfolgreichen Menschen sind diese beiden Sätze der Leitfaden beziehungsweise das Fundament, auf dem sich der Erfolg aufbaut.

Sie bleiben nicht untätig, sondern krempeln die Ärmel hoch und haben sich dazu entschlossen, aus eigener Kraft etwas zu bewegen. Diese Menschen haben sich das Ziel gesetzt, den besseren Job im Unternehmen zu besetzen und in die Führungsetage aufzusteigen.

Sie nehmen die Teilerfolge mit, die ihnen den Weg dorthin ebnen.

Was ist aber der Grund für Ihren Erfolg? Hinter dem Erfolg steht das persönliche Erfolgsgeheimnis. Diese Menschen haben das Wissen darum, dass erfolgreich sein im Kopf beginnt. Sie sind mutig, zielstrebig und lassen nichts aus, um erfolgreich zu werden.

Sie wissen, dass alles möglich ist, wenn Sie es nur versuchen. Von Anfang an haben sie den Willen, etwas zu verändern und bleiben dabei hartnäckig am Ball. Es gibt dabei keine Ausnahmen! Nur so sind das Glück und der Erfolg auf Ihrer Seite.

Destruktives Denken

Erfolg und Misserfolg beginnen in Ihrem Kopf und gerade der Misserfolg findet seine Nahrung im destruktiven Denken. Plötzlich sehen Sie nur noch eine große Welt voller Probleme, nichts funktioniert und Sie verlieren den Weitblick. Vermutlich werden Sie die gewünschten Ziele niemals erreichen. Denn durch den eingeschränkten Horizont legen Sie den Fokus nur noch auf negative Gedanken. Pessimismus und Destruktivität bremsen Sie aus, ziehen Sie enorm runter und stellen eine Blockade dar.

Ihre Gedanken sind diejenigen, die Ihr Handeln und den Erfolg nachhaltig beeinflussen. Für Ihren persönlichen Erfolg ist es daher extrem wichtig, destruktives Denken jetzt sofort zu stoppen. Doch wie gelingt es Ihnen, sich von Ihren negativen Gedanken zu verabschieden?

Dazu müssen Sie zuerst einmal wissen, dass es verschiedene Arten von destruktivem Denken gibt.

Jeder hat einmal einen schlechten Tag. Es tauchen Gedanken auf wie „immer passieren mir solche Dinge und nichts funktioniert richtig…". Genau in diesem Moment spricht aus Ihnen der akute Frust. Das ist völlig normal, da jeder in eine Situation geraten kann, in dem der Glaube an sich selbst verloren geht oder negative Gedanken die Oberhand gewinnen. In einer solchen Situation fehlt Ihnen das Selbstbewusstsein, weiterzumachen oder neu durchzustarten. Diese Phasen sind aber nicht von langer Dauer. Ein Gespräch mit guten Freunden, die Ihnen Mut machen, ist eine gute Hilfestellung, um wieder Selbstbewusstsein zu erlangen und den Glauben an sich selbst wiederzufinden.

Destruktives Denken kann aber auch chronisch werden und alles andere überschatten.

Dann ist der Zeitpunkt erreicht, dass Sie handeln müssen. Ihre Denkweise sorgt ansonsten dafür, dass Sie sich in die Abwärtsspirale begeben, die eine Eigendynamik aus sich selbst verstärkenden negativen Emotionen und Gedanken entwickelt. Nicht selten erschaffen Sie eine selbsterfüllende Prophezeiung durch Ihre unheiligen Vorahnungen. Die destruktive Denkweise wird zur Realität. Auf einmal sind herbeigeredete und gedachte Probleme vorhanden.

Damit es Ihnen gelingt, etwas gegen das destruktive Denken zu unternehmen, müssen Sie zuerst einmal die falschen Gedanken erkennen. Wenn Sie sich bereits in der Abwärtsspirale befinden, gelingt Ihnen das nicht ganz so einfach.

Es gibt aber typische Formen, die Ihnen bei der Identifizierung helfen:

- **Probleme werden verallgemeinert.** Dabei leiten Sie aus einmaliger

Verhaltensweise oder Situationen eine nicht existierende Regel ab. Ein kleines Beispiel: Wenn Ihr Chef Sie fragt, ob Sie Samstag arbeiten kommen können, heißt das noch lange nicht, dass Sie immer gefragt werden, ob Sie Samstag arbeiten können.

- **persönlich nehmen von Dingen**: Im Büroflur unterhalten sich zwei Kollegen. Dafür gibt es für Sie nur die einzige Erklärung, dass die beiden über Sie lästern und Sie in ein schlechtes Licht stellen. Ihre eigene Unsicherheit beeinflusst Ihr Denken und macht aus der Situation ein großes Drama. Denken Sie daran, dass es nicht immer um Sie geht. Vielleicht sprechen die beiden ja auch über die nächste gemeinsame Kaffeepause.

- **gedanklich aus einer Mücke einen Elefanten machen**: Genau das ist der Ursprung für destruktives Denken. Sie haben Zeit und genug Fantasie, um gedanklich aus einem kleinen Problem eine große Katastrophe zu konstruieren. Dieser vermeintliche Worst-Case ist aber nur ein mögliches Szenario und nichts anderes.

Verabschieden Sie sich von destruktivem Denken

Destruktives Denken ist eine schlechte Angewohnheit, die sich nur schwer in eine positive Denkweise verwandeln lässt. Denn hinter negativen Gedanken verbirgt sich oftmals ein Schutzmechanismus, um keine bösen Überraschungen zu erleben. Allerdings ergeben sich durch destruktive Gedanken noch mehr Probleme, die Sie gar nicht mehr so einfach bewältigen können. Um die negative Denkweise in positives Denken zu verwandeln, brauchen Sie Durchhaltevermögen und viel Geduld.

Wichtig ist, dass Sie negative Gedanken erkennen und explizit hinterfragen. Die nachfolgenden Beispiele kommen Ihnen sicherlich bekannt vor. Sie gehören zu den klassischen destruktiven Gedanken, die Sie in positives Denken umwandeln sollten:

1. Für mich wird es keinen neuen Job geben...

In der Bewerbungsphase macht sich oft Frust breit, weil entweder nur Absagen kommen oder die Bewerbung unbeantwortet bleibt. Es gibt bestimmt einen neuen Job für Sie! Manche Dinge brauchen eben etwas mehr Zeit. Ihre Geduld wird dabei über die Grenzen hinaus belastet. Aufgeben und nicht nach neuen Möglichkeiten sowie Chancen suchen ist aber keine Option. Vielleicht sollten Sie Ihre Bewerbungsmappe noch einmal überarbeiten und optimieren.

2. Der ganze Tag ist jetzt ruiniert...

Sie haben den Wecker nicht gehört, sind viel zu spät aufgestanden, stehen auf dem Weg zur Arbeit im Stau oder haben die Bahn verpasst. Schon am frühen Morgen geraten Sie in Stress, den Sie gar nicht haben wollen. Hat dieser wirklich Auswirkung auf den Rest des Tages? Sie sind derjenige, der Einfluss darauf hat, ob das Verschlafen oder die verpasste Bahn Ihnen den ganzen Tag ruiniert. Es ist nur ein kleines Problem und dieser schlecht gelaufene Start in den Tag, sollte nicht die Macht besitzen, die restliche Zeit negativ zu beeinflussen!

3. Das macht er nur, um mich zu ärgern...

Diese Denkweise ist ein schönes Beispiel für destruktives Denken, weil Sie es sehr persönlich nehmen, wenn Ihr Chef Sie fragt, ob Sie die wichtige Aufgabe übernehmen möchten. Eigentlich sollten Sie sich darüber freuen. Ihre Gedanken befördern Sie aber in die Opferrolle, weil das Positive ins Negative gedreht wird. Hören Sie endlich auf mit dieser Denkweise. Andere wollen Ihnen nicht immer nur schaden.

4. Jedes Mal macht er das...

Dieser negative Gedanke ist in 75 Prozent der Fälle eine Fehleinschätzung oder maßlos übertrieben.

Wenn sich geärgert oder aufgeregt wird, neigen Menschen dazu, anderen zu unterstellen, dass diese sich immer so verhalten. Tappen Sie nicht in die Fallgrube von Verallgemeinerungen und destruktivem Denken, sondern hinterfragen Sie, ob das Verhalten schon öfter vorgekommen ist.

5. Das kann ich einfach nicht...

Es gibt keinen Menschen, der perfekt ist und alles kann! Anderen fallen vielleicht Dinge deutlich leichter. Doch das ist kein Grund aufzugeben. Probleme sind dazu da, dass sie mit einer positiven Denkweise angegangen werden.

Reden Sie sich nicht ein, dass Ihre Leistungen schlecht sind oder Sie etwas nicht können. Stellen Sie sich lieber die Frage, wie Sie die eine Sache erlernen können. Damit verhindern Sie nicht nur destruktives Denken, sondern erweitern Ihre Kompetenz.

6. Ich bekomme keine Anerkennung für meine Leistungen...

Klar gibt es Chefs, die Ihren Mitarbeitern nicht sagen, dass sie einen guten Job machen. Wenn Sie deswegen Frust schieben, ändert das aber nichts daran. Vielmehr machen sich in Ihrem Kopf destruktive Gedanken breit. Damit erst gar keine schlechten Gedanken auftreten, wagen Sie den Schritt nach vorne. So können Sie beispielsweise Ihren Vorgesetzten um ein regelmäßiges Feedback bitten oder Ihre Selbstvermarktung durch Training verbessern.

Erfolg ist für alle da

Erfolgreich sind nicht nur die Privilegierten. Wenn sich Menschen eine bestimmte Einstellung zunutze machen, schaffen sie die richtige Grundlage dafür, um erfolgreiche Zeiten zu erleben. Einhergehend damit erlangen sie Zufriedenheit. Vielleicht macht sich bei Ihnen der Gedanke breit, dass es Ihnen an Potenzial fehlt, um die Führungsposition zu übernehmen, weil Ihnen delegieren schwerfällt und Sie lieber produktiv Ihr Wissen im Unternehmen einbringen. In dieser Position schaffen Sie es, erfolgreich zu sein und Sie erreichen Ihr gewünschtes Ziel.

Grundlage für Erfolg ist eine positive Einstellung, die nicht nur mit der beruflichen Karriere einhergeht. Sie bestimmt das gesamte Leben und umfasst auch Ihre Beziehung, das Studium, sportliche Leistungen und viele weitere Bereiche.

Mit einer positiven Einstellung, gelingt beispielsweise eine verbesserte Gesundheit, weil Sie selbst daran glauben, Dinge positiv zu sehen. Ihr starker Wille ist die Triebfeder, um Ehrgeiz zu entwickeln und mehr Leistung zu erbringen. Mit positivem Denken bringen Sie Körper und Seele in Einklang. Das belegen sogar wissenschaftliche Studien. Denn mit einer positiven Denkweise können Sie Krankheiten vorbeugen und länger jung, fit und agil bleiben.

Durch positives Denken erfolgreich sein

Erfolg bedeutet nicht eine Aneinanderreihung von glücklichen Zufällen. Vielmehr stellt Erfolg die Basis dar, die viele Dinge und Gegebenheiten in Ihrem Leben verändert, wenn Sie positives Denken als Leitfaden nutzen. Wenn Sie erfolgreich im Beruf sind, verdienen Sie automatisch mehr Geld. Der finanzielle Erfolg sichert Ihnen geistige und seelische Gesundheit, weil Sie sich keine Sorgen darüber machen müssen, wie Sie die Kosten für Ihre Wohnung und Ihren Lebensstil decken, den nächsten Urlaub bezahlen oder die Abtragung für das Eigenheim bewerkstelligen sollen.

Sie haben weniger Stress und ein deutlich besseres Wohlbefinden. Das wirkt sich positiv auf Ihre Gesundheit aus und stärkt das Immunsystem.

Ihre kognitive Leistungsfähigkeit wird durch positives Denken verbessert. Gleichzeitig stellt sich eine verbesserte Reizwahrnehmung ein. Zwischenmenschliche Beziehungen gestalten sich positiver, weil keine Belastungen den Blickwinkel beeinträchtigen und negativen Einfluss ausüben.

Positives Denken macht das Leben schöner, einfacher und angenehmer. Ein ganz wichtiger Aspekt sollte Ihnen klar sein. Die Vorteile von positivem Denken beruhen nicht auf Zufall oder Glück. Sie selbst sind die Person, die Erfolg und Glück beeinflussen. Erfolg ist eine Sache, die eng mit Ihrer Denkweise verbunden ist und mit einer positiven Einstellung einhergeht. Wichtig ist dabei, dass Sie trotz der positiven Auswirkungen immer realistisch bleiben und Ihre Grenzen kennen.

Dinge, die sich durch positives Denken nicht beeinflussen lassen

Es werden immer wieder Situationen auftauchen, wo sich Traurigkeit und Niedergeschlagenheit breit machen und die Gefühle für ein großes emotionales Durcheinander sorgen. Diese Reaktionen sind absolut menschlich. Sie sagen aber nichts darüber aus, ob Sie ein pessimistisch denkender Mensch sind, zu einer positiven Denkweise gewechselt haben oder bereits positiv Denken und noch weiter daran arbeiten möchten. Gefühlschaos, Traurigkeit und Niedergeschlagenheit treten immer wieder auf, gehören zum Leben und sollten daher angenommen und akzeptiert werden.

Der ungeliebte Gemütszustand lässt sich durch positives Denken beeinflussen und schneller überwinden. Nehmen Sie sich ruhig dieser Gefühle an und akzeptieren Sie diese.

Ablehnen und verurteilen ist der falsche Weg. Niederlagen und Misserfolge machen Sie stärker und sind Lektionen im Leben, aus denen Sie lernen.

Mehr Gesundheit durch positives Denken und eine positive Einstellung besagen nicht, dass absolute Optimisten nicht krank werden. Durch ihren Optimismus bekommen diese Menschen eine Erkrankung aber schneller in den Griff. Erwiesenermaßen haben positiv denkende Menschen besondere Selbstheilungskräfte. Diese Gegenwehr gegen eine Krankheit entspringt der positiven Einstellung und der daraus entstehenden Stärke des Körpers und beruht auf einem clever agierenden, machtvollen Immunsystem.

Positiv denkende Menschen werden auch mit Problemen konfrontiert, die zufriedenstellend gelöst werden müssen.

Genauso wie Sie haben diese Menschen viele Aufgaben im Job zu bewältigen, müssen sich mit einer unvermeidlichen Kündigung oder mit Intrigen auseinandersetzen und damit fertig werden. Menschen mit einer positiven Denkweise überlegen, ob die Situation ein Problem darstellt oder neue Türen für eine einzigartige Herausforderung öffnet.

Das vermeintliche Pech kann mit der richtigen Haltung sogar wahres Glück bedeuten, wenn Sie die Veränderung als Hürde zu Ihrem Erfolg und nicht als Problem sehen.

Positives Denken ist einem speziellen Menschenschlag vorbehalten

Verabschieden Sie sich von dem Gedanken, dass nur optimistische Menschen erfolgreich sind, weil diese mit besonderen Eigenschaften auf die Welt gekommen sind oder diese durch das Umfeld erlernt haben.

Diese Annahme ist nämlich falsch! Positives Denken und der damit verbundene Erfolg liegt in Ihren Händen, selbst wenn Sie meinen, das Pech für sich gepachtet zu haben. Verabschieden Sie sich von negativen Denkweisen und versuchen Sie positiv zu denken. Positives Denken ist erlernbar. Dabei spielt das Alter keine Rolle.

Auch im fortgeschrittenen Alter können Sie eine positive Sichtweise auf unterschiedliche Dinge erlangen, wenn Sie dazu bereit sind, dieses immer wieder zu üben.

Die Regelmäßigkeit der Wiederholung von positiven Gedanken führt letztendlich zu einem Automatismus, der eine neue Konditionierung der Denkweise ergibt. Erfolgreich umsetzen lässt sich eine Veränderung der Denkweise mit folgenden Dingen:

- **Grübelfallen ausschalten** – wer sich zu viel im Kreis dreht und sich ständig durch negative Gedanken blockiert, verhindert den Zugang zu positivem Denken. Sie treten auf der Stelle und kommen kein Stück voran. Wenn Sie von Sorgen und zu viel Grübeln am positiven Denken gehindert werden, sollten Sie einmal Meditation ausprobieren. Durch das Loslassen von Gedanken, die Konzentration auf die Atmung und den eigenen Körper erlangen Sie die Kontrolle über Ihre Denkfabrik und können diese positiv beeinflussen.

- **störende Gedanken reduzieren** – Glaubenssätze und Grundannahmen verhindern, dass Sie eine positive Sichtweise auf Ihr Leben erlangen. Sie sorgen dafür, dass Ihnen immer wieder schlechtes widerfährt. Überdenken Sie doch einfach einmal bestimmte Redewendungen, die Sie immer wieder verwenden. Auf dem Weg zu einer positiven Denkweise sind diese schnell lokalisiert. Sind solche Worte und Sätze aufgestöbert, lassen sich diese aus dem Wortschatz eliminieren. Neben den auffälligen Worten gibt es auch solche, die sich sehr gut tarnen und selbst beim zweiten oder dritten Blick nicht erkennbar sind. Ein Coach oder ein Therapeut sind gute Anlaufstellen, um diese störenden Gedanken ausfindig zu machen und aus dem Kopf zu verbannen.

- **Bewusstsein für Körper und Seele stärken** – um mehr Bewusstsein für sich selbst zu erlangen, sind beispielsweise Achtsamkeits- und Yogaübungen interessant. Sie verbessern damit Ihr Körpergefühl, weil Ihre Sinne präziser arbeiten und sich dadurch eine bessere Feinfühligkeit einstellt. Die neu erlangten Fähigkeiten erlauben Ihnen, das Etablieren einer positiven Grundhaltung, die auf Dauer bestehen bleibt. Diese Wirkung erzielen Sie, indem Sie die Übungen mit einer kontinuierlichen Regelmäßigkeit durchführen. Nach und nach entwickeln Sie sind vom Lehrling zum Gesellen und anschließend zum Meister! Nur wer am Ball bleibt, wird mit positivem Denken erfolgreich sein.

Schenken Sie Ihrem Erfolg Beachtung. Er ist nicht nur für auserwählte Menschen bestimmt, sondern steht jedem Menschen zu, der erfolgreich und glücklich sein möchte. Öffnen Sie Ihre Augen und stärken Sie Ihren Willen zum Durchhalten. Der Erfolg steht schon in den Startlöchern. Sie müssen nur die Chancen ergreifen und endlich anfangen positiv zu denken.

Die Aufwärtsspirale

Wenn Sie sich einmal Gedanken über das Leben machen, stellt sich schnell die Erkenntnis ein, dass sich Dinge verbessern oder verschlechtern. Schnell taucht dabei die Frage auf, wann beziehungsweise zu welchem Zeitpunkt sich eine Verbesserung oder Verschlechterung einstellt. Verbessert sich eine Situation nur um einen Prozentpunkt als das sie sich verschlechtert, geht es grundsätzlich bergauf.

Das hört sich doch sehr gut an! Sie benötigen nur ein Prozent mehr positives als negatives. Das zu erreichen, dürfte doch gar nicht so schwer sein!

Und jetzt kommt die gute Nachricht: Schwierig ist es nicht! Fangen Sie nur einfach an, mehr Positives in Ihr Leben zu integrieren.

Gelingen wird Ihnen das mit positivem Denken!
Daher sollten Sie sich folgenden Satz gut
merken:

*„Für eine positive Entwicklung Ihres Lebens
brauchen Sie nur zu 51 Prozent positiv zu
denken!"*

Gerade in vermeintlich negativen Situationen
hören Sie immer wieder, dass Sie positiv
denken sollen. Doch gerade fällt Ihnen genau
das immens schwer. Haben Sie sich schon
einmal Gedanken darüber gemacht, was
positives Denken eigentlich ist? Es gibt
Menschen, die Dinge einfach schönreden und
über das Negative nicht mehr nachdenken.
Damit werden die negativen Dinge verdrängt.
Mit positivem Denken hat das aber nichts zu
tun, da sich die Grundlage dafür ganz anderes
gestaltet. Erst wenn Sie das Beste aus der
aktuellen Situation machen, denken Sie positiv!

Sie packen die Gelegenheit beim Schopf und
ergreifen die Möglichkeit, für die Zukunft

daraus zu lernen. Auch das ist positives Denken! Dementsprechend geht es bei positivem Denken darum, Situationen anzunehmen wie sie sind, das Beste daraus zu machen und zu lernen.

Ein kleines Beispiel: *Sie haben mit Ihrem kleinen Unternehmen viel Geld verloren und dadurch eine mächtige Pleite hingelegt. Gleichzeitig steht der private Umzug in eine andere Stadt an, der Ihnen die letzte Kraft raubt, die Sie noch aufbringen können.*

Beide Situationen zusammengenommen bieten Ihnen einen Weg, woraus Sie viel lernen können. Durch den finanziellen Verlust und den Umzug sind Sie dazu gezwungen, sich neu zu orientieren, Ihr Leben neu einzurichten und auf andere Weise Geld zu verdienen.

Plötzlich stellt sich die Erkenntnis ein, dass Sie an dem Punkt angelangt sind, den Sie immer erreichen wollten. Sie haben eine Veränderung geschaffen mit positivem Denken und haben die schwierigen Aufgaben gemeistert. Sie haben den richtigen Weg in Richtung Erfolg eingeschlagen!

In allen Situationen steht daher folgende Frage an erste Stelle: „Wie mache ich das Beste aus der Situation und was kann ich daraus lernen?" Mehr brauchen Sie nicht, um Erfolg durch positives Denken zu erlangen.

Wie kommen Sie in diese Aufwärtsspirale?

Bevor Sie sich Gedanken darüber machen, wie Sie in diese Aufwärtsspirale gelangen, benötigen Sie das Wissen darum, was eine Aufwärtsspirale ist und was diese Ihnen überhaupt bringt. Dafür brauchen Sie keine wissenschaftlichen Texte oder Fachbücher, da es eine ganz einfache Erklärung gibt. Mit der Aufwärtsspirale verhält es sich ähnlich wie mit Reichtum und Armut, wo reiche Menschen immer reicher werden und arme Menschen immer ärmer. Wird diese einfache Deutung auf positives Denken projiziert, ergibt sich schnell die Antwort. Denn durch eine positive Denkweise erhalten Sie eine positivere Einstellung zu allen Dingen. Als Folge daraus ergibt sich, dass Sie immer erfolgreicher und positiver werden.

Im Umkehrschluss bedeutet das aber, dass Sie durch eine negative Denkweise das Pech anziehen und Erfolge ausbleiben.

Beide Situationen sind wie eine Spirale gestaltet. Befinden Sie sich in einer Aufwärtsspirale, erlangen Sie durch Ihre positive Einstellung und die damit verbundene Denkweise Erfolg in der Liebe, im Job und in vielen anderen Dingen. Indem Sie immer positiver über Ihr Leben denken, stellen sich weitere Erfolge ein, weil Sie diese wie ein Magnet anziehen.

Die Abwärtsspirale funktioniert genauso, nur im umgekehrten Sinne. Die negativen Gedanken verhindern, dass Sie die Ihnen gebotenen Chancen ergreifen. Da alles schlecht läuft, stellen sich keine Erfolge ein. Schnell werden die bereits negativen Gedanken noch negativer. Sie ziehen dadurch das Pech förmlich an.

Die eigene Denkweise ist dafür verantwortlich, ob Sie sich in einer Aufwärts- oder

Abwärtsspirale befinden. Wer erfolgreich sein möchte, muss positiv denken, das Selbstbewusstsein ausbauen, Ziele motiviert verfolgen, schlechte Gewohnheiten gegen gute austauschen und Rückschläge oder Misserfolge als Lernanstoß nutzen. Positives Denken, auch wenn es noch so schwerfällt, bringt Sie in die Aufwärtsspirale.

Positives Denken ist der Grund dafür, dass reiche Menschen immer reicher werden. Geld ist dabei das Spielzeug. Diese Menschen wissen genau, wie sie es einsetzen müssen, um Gewinne zu generieren. Verluste gibt es zwar auch. In ihrem Spiel geht es darum, zu gewinnen und nicht zu verlieren. Das ist doch sicher auch für Sie eine tolle Vorstellung, immer mehr Geld zu besitzen und dieses zum tollen Spielzeug zu machen.

Die innere Einstellung ist Grundlage für positives Denken

Sie kennen auch die berühmte Frage, ob das Glas halb leer oder halb voll ist. Mit der jeweiligen Antwort auf diese einfache Frage bringen Sie sehr wahrscheinlich Ihre Einstellung zu Ihrem eigenen Leben zum Ausdruck. Denn halb voll oder halb leer zeigt, ob Sie ein Mensch mit guten oder mit schlechten Gedanken sind. Eine bejahende Denkweise hat einen tollen Effekt auf jeden einzelnen Bereich in Ihrem Leben. Sie nimmt Einfluss auf Erfolg, Zufriedenheit und Glück. Wer zufrieden und glücklich ist, strahlt dieses auch durch das Selbstbewusstsein aus. Sie sind auf der Gewinnerseite, erreichen alles, was Sie in Angriff nehmen. Sie haben Erfolg im Job, finanzielle Unabhängigkeit und ein glückliches zufriedenen Privatleben.

Etwas zum Nachdenken: *Es gab garantiert in letzter Zeit Situationen, worüber Sie tagelang* *nachgedacht haben. Es war vielleicht eine Äußerung von Ihrem Lebenspartner oder Ihrem Chef oder ein Streit mit einem guten Freund, der Ihre Stimmung und Gefühle negativ beeinflusst haben. Damit gab es keinen Raum mehr für andere Gedanken, weil diese Stimmung alles ausgefüllt hat. Sind Sie öfter in einer solchen Situation gefangen, befinden Sie sich in der Schlinge von negativen Gedanken. Sie werden davon immer weiter nach unten gezogen und vergessen komplett, das Leben zu genießen. Schnell macht sich Pessimismus breit und genau diese Negativität strahlen Sie aus.*

Sie sind mit Ihren Gedanken nicht in der Gegenwart, sondern beschäftigen sich andauernd mit anderen Dingen, während das Leben im Hier und Jetzt traurig lächelnd an Ihnen vorbeizieht.

Das Ausblenden ist ein alter Urinstinkt der menschlichen Vorfahren. Wenn sie beim Jagen einem Raubtier begegnet sind, hat das Gehirn ganz automatisch „Gefahr" signalisiert und alle anderen Dinge ausgeblendet, damit die Flucht erfolgreich ergriffen werden konnte. Dieser Zustand beschränkt die Denkweise und sorgt dafür, dass Sie sich nur auf eine bestimmte Sache konzentrieren. Dieses passiert auch bei Negativität, weil Sie Ihre Optionen limitiert, die Produktivität verringert und die Erfolgsaussichten einschränkt. Ein Satz von Gottfried Benn bringt diesen Zustand perfekt auf den Punkt:

Zitat: „Pessimismus ist der Strandkorb des Unproduktiven!"

Zuversicht – geballte Kraft für positives Denken und Optimismus

Jeder kennt die Aussage: „Die Hoffnung stirbt zuletzt!" Genau dieser kurze Satz spornt Menschen an, wie die damit einhergehende Zuversicht, dass ein Vorhaben gelingt und Probleme beseitigt werden. Im ersten Moment mag dieser Optimismus nach Schönreden klingen. Zuversicht ist eine oftmals unterschätzte Eigenschaft, die nicht in Verbindung mit der rosaroten Brille steht. Vielmehr schafft sie es, Ihre Weltsicht zu verändern und Ihnen Gesundheit sowie Erfolg zu bescheren.

Die Wissenschaft befördert immer mehr Belege zutage, dass der Optimist und Zuversichtliche sich selbst und auch anderen einen großen Gefallen erweist. Bereits Lucius Annaeus Seneca, ein römischer Philosoph hat das erkannt.

Zitat: *„Vollständige Sorglosigkeit und eine unerschütterliche Zuversicht sind das Wesentliche eines glücklichen Lebens."*

Heute sind weitere Vorteile des Optimismus bekannt:

- Mit der Einsicht auf Aussicht lassen sich Schicksalsschläge schneller und leichter überwinden sowie neuen Lebensmut schöpfen. Depressionen sind bei lebensbejahenden Menschen eher selten anzutreffen. Denn sie sehen auch in negativen Dingen etwas Positives und nutzen schlechte Erlebnisse, um daraus zu lernen.

- Ein weiterer Aspekt von Optimismus ist ein gefestigter Glaube an sich selbst und die eigene Zukunft. Genau dieser Glaube wirkt positiv auf den Körper und aktiviert Selbstheilungskräfte. Es ist nachgewiesen, dass die Immunabwehr von Optimisten besser funktioniert.

Schmerzen werden weniger intensiv gespürt. Auch die Erholung verläuft deutlich schneller. Belegt wird dieses durch Experimente mit Nocebos und Placebos.

- Die positive Sichtweise von Optimisten sorgt dafür, dass sie durchschnittlich über ein größeres soziales Netzwerk verfügen als Menschen mit einer negativen Denkweise.

Zusammengefasst ergibt sich daraus die Schlussfolgerung, dass Optimismus und Zuversicht eine enorme Energiequelle für Körper, Psyche und Seele ist. Was bedeutet aber zuversichtlich zu sein?

Bereits die Bibel berichtet darüber, dass „der Glaube Berge versetzen kann". Daher ist ein Optimist kein Träumer, der einfach die Schattenseiten des Lebens ausblendet. Ganz im Gegenteil!

Er ist Realist und kennt die Risiken, die er immer wieder von allen Seiten genau betrachtet und abwägt. Dazu hat er den Mut, Handlungen konsequent zu verfolgen und handlungsfähig zu bleiben. Der gute Ausgang ist die Grundannahme. Es gibt typische Synonyme, die im Zusammenhang mit Zuversicht Verwendung finden.

- Optimismus
- Gottvertrauen
- Glaube
- Hoffnung
- Zukunftsglaube
- Lebensmut
- Zufriedenheit
- Zutrauen
- Daseinsfreude
- Lebensbejahung
- Fortschrittsglaube
- Lebensfreude

Einige davon bringen zum Ausdruck, dass Zuversicht eng mit der inneren Einstellung verbunden ist. Zwei Eigenschaften sind dementsprechend für Optimismus, positives Denken und Zuversicht extrem wichtig:

1. Tief verwurzeltes Vertrauen

Es ist die Grundlage dafür, dass sich Dinge so entwickeln, wie Sie es sich erhoffen und wünschen, ganz gleich welche widrigen Umstände auftreten, unabhängig von Ihrem Tun und Können.

2. Selbstvertrauen

In der Psychologie wird in diesem Zusammenhang von Selbstwirksamkeitserwartung gesprochen. Auch wenn im ersten Punkt das eigene Können und Handeln noch keinen Stellenwert einnimmt, ist der Zuversichtliche der Überzeugung, dass er einen wirksamen Beitrag leistet und die ihm gestellte Aufgabe bewältigen kann.

Dieses Selbstvertrauen stattet ihn mit Wagemut und Kühnheit aus.

Habe Sie einmal darüber nachgedacht, warum Sie den aktuellen Job bekommen haben? Wenn Sie ein zuversichtlicher Mensch sind, lautet Ihre Antwort folgendermaßen: „, Weil ich gut bin!" Für manche mag das wie aufkommender Narzissmus klingen. Optimisten hören sich vielleicht manchmal so an. Bei genauerer Betrachtung zeigt sich aber, dass dahinter weniger Skepsis und Zweifel an den eigenen Fähigkeiten stecken. Zuversichtliche Menschen gestalten sich eine selbsterfüllende Voraussage.

Rund 30 Prozent Zuversicht sind genetisch in Ihrem Charakter bereits verankert. Der restliche Teil ergibt sich durch positive Erfahrungen und eigene Entscheidungen. Demnach haben Sie die Wahl, Dinge positiv oder negativ zu betrachten, mit Zuversicht und Hoffnung eine Sache anzugehen oder starke Angst und Selbstzweifel zu schüren.

Egal, welche Grundhaltung Sie im Moment haben. Ausschlaggebend ist, dass Sie auch nachträglich eine glückliche und zufriedene Lebenseinstellung erlangen können. Die Desasterforschung hat herausgefunden, dass Menschen, die über hohe psychische Widerstandskraft verfügen, Probleme beschönigen und Unheil durch eine rosarote Brille betrachten.

Genau diese Menschen sind es, die konstruktiv mit Schmerzen und Tragödien umgehen. Dieses gelingt ihnen, weil sie eine optimistische Grundeinstellung haben. Sie handeln nach dem Motto: „Auch wenn gerade alles schrecklich ist, morgen ist ein neuer Tag!"

Mit dieser Einstellung ist die Krise nur halb so schlimm und wird sich auf einen bestimmten, überschaubaren Zeitraum begrenzen. Die Psychologie hat für Sie einige Ratschläge, wie Sie zuversichtlicher werden:

- An die eigenen Erfolge erinnern, um Zuversicht zu lernen: Fehler sind nicht nur negativ, sondern haben auch etwas Gutes. Denn aus ihnen können Sie lernen. Mitunter sind Scheitern und Fehltritte die besten Lehrherren. Ist etwas völlig aus dem Ruder gelaufen, wird sich hingesetzt, zurückgeblickt, das Missgeschick analysiert und Rückschlüsse daraus gezogen. Beim nächsten Mal machen Sie es besser! Wie sieht es aber mit Ihren Erfolgen aus? Bei ihnen nehmen Sie sich nicht die Zeit zum Nachdenken und Analysieren. Damit beschneiden Sie sich selbst und verkleinern den Blickwinkel. Am Ende betrachten Sie völlig zerknirscht den Scherbenhaufen und versuchen das „warum" zu verstehen. Erfolge bieten auch viel Lernpotenzial. Denn Sie lernen, dass sich Erfolge reproduzieren lassen. Damit fördern Sie Ihre Selbstwirksamkeitserwartung.

- Vorbilder suchen, um Zuversicht zu lernen: Vorbilder schaffen es, Ihnen Sicherheit, Motivation und Orientierung zu geben. Das Vorbild nutzen Sie dazu, um Verhaltens- und Denkweisen zu adaptieren. In Fachkreisen wird das als „soziales Lernen" bezeichnet und hat eine große Wirkung auf Ihre Zuversicht. Andere können es ja offensichtlich auch.

Daraus erwächst mentale Stärke, mit der
Sie an eigene, vergangene und
vergleichbare Situationen anknüpfen
können.

- Schwarzseher sind kein guter Umgang:
  Schwarzseher und negativ denkende
  Menschen haben großen Einfluss auf
  Ihre Weltsicht und Ihr Wohlbefinden.
  Damit sind nicht die Kritiker gemeint, die
  Ihnen gute Gegenargumente liefern,
  sondern die notorischen
  Negativmenschen und Unzufriedenen.
  Sie verstärken die Dinge, die Sie
  niederdrücken und reißen Sie mit in den
  Abgrund, wenn Sie sich darauf einlassen.

- Treffen Sie Ihre eigenen
  Entscheidungen, stehen Sie dazu und
  handeln Sie dementsprechend. Ihre
  Entscheidung beruht auf Ihrer eigenen
  Perspektive und Ihrem eigenen Willen.
  Sie wollen doch an den Erfolg glauben
  und alle Möglichkeiten ausschöpfen?

Dazu bedarf es Entscheidungen, aktiv werden und konsequent handeln. Wenn Sie glauben und hoffen, werden Sie die Hände nicht in den Schoß legen und abwarten. Das machen nur Opfer.

Warum werden Erfolge so selten zum Lernen genutzt? Mit Erfolgen ist das so eine Sache, da sie folgendes bewirken:

1. Sie sind der Grund, warum Menschen überoptimistisch werden. Sie freuen sich, dass Sie die Aufgaben bewältigt oder das Ziel erreicht haben, werden euphorisch und entwickeln vielleicht sogar einen unerschütterlichen Überoptimismus, der Ihnen weiß macht, dass Sie den Erfolg ohne Ende reproduzieren können. Kurz gesagt, werden Sie überheblich und arrogant. Die Gefahr, die dort lauert, sind geistige Trampelpfade, aus denen schlechte Gewohnheiten und ein falsches Regelwerk entstehen. Ihr Motto lautet: „Ich habe das immer so gemacht und es hat immer funktioniert!"

2. Erfolge hinterfragen Sie nicht.

Immer wieder verändern sich Dinge, genauso wie Zeiten. Deshalb müssen Sie sich immer wieder auf Veränderungen einstellen und an andere Umstände anpassen. Läuft alles gut, wird oftmals das Hinterfragen völlig vergessen. Was Sie so erfolgreich gemacht hat, wird nicht mehr gesehen, genauso wenig wird geschaut, ob der damalige Erfolg auch für die Zukunft gilt.

3. Erfolge schränken die Möglichkeit zu lernen ein.

Menschen sind bequem und Gewohnheitstiere. Solange alles rund läuft, wird keine Notwendigkeit darin gesehen, einmal genauer hinzuschauen und eventuell etwas zu verändern.

Dumm ist nur, wenn die erfolgreiche Zeit auf einmal endet. Warum passiert das gerade jetzt? Wichtig ist die Erkenntnis!

Neben dem Erkennen von Mustern müssen Sie wachsam genug bleiben, um rechtzeitig mitzubekommen, wann Sie Ihre Parameter anpassen müssen. Nach einem Misserfolg sehen Sie ganz deutlich, dass Sie etwas ändern müssen.

Studie der Psychologin Fredrickson zum Thema positives Denken

Viele verschiedene wissenschaftliche Studien haben sich mit positivem Denken beschäftigt. Besonders interessant ist aber die Studie von Barbara Fredrickson. Die US-amerikanische Psychologin hat sich damit beschäftigt, welche Auswirkungen positives Denken auf das Leben hat. An der North Carolina University wurden dafür spannende Experimente durchgeführt und die Auswirkungen von positivem Denken auf das Gehirn getestet.

Die Probanden wurden für den Versuch in 5 Gruppen aufgeteilt. Anschließend schauten sich die Teilnehmer jeweils einen Filmclip mit negativen, positiven und neutralen Emotionen an. Eine Unterteilung gab es zudem bei den Filmclips.

Die erste und zweite Gruppe schaute einen Kurzfilm, der die Emotion „Freude" und Emotion „Zufriedenheit" hervorruft. In der dritten Gruppe gab es einen Film, der keine Emotionen verursacht. Die Testgruppe vier und fünf schauten Filme, die Emotionen wie „Angst" und „Ärger" auslösen.

Anschließend sollten sich die teilnehmenden Personen in eine Situation hineinversetzen, in der sie die gleichen Emotionen empfinden, die der Filmclip bei ihnen ausgelöst hat und aufschreiben, wie sie in der Situation handeln würden. Beim Aufschreiben waren die Aufgaben, alle Sätze mit den Anfangsworten „Ich würde gerne..." zu beginnen.

Die Aufzeichnungen brachten nach der Auswertung ein überraschendes Ergebnis. Die beiden Gruppen mit dem Clip mit positiven Emotionen beschreiben in den Aufzeichnungen die meisten Handlungsoptionen.

Es waren sogar mehr als bei der dritten Gruppe, die den Film schauten, der keinerlei Emotionen auslösen sollte. Im Gegensatz dazu waren die Aufzeichnungen der beiden Gruppen, die den Filmclip mit negativen Emotionen anschauten, sehr kurz und knapp gehalten.

Die Studie zeigt, dass positive Emotionen den Handlungsspielraum um ein Vielfaches erweitern. Sie erhalten mehr Weitblick, sind offener für verschiedene Chancen, die das Leben für Sie bereithält, gehen kreativer an den Problemlösungsprozess heran und befreien sich von dem Tunnelblick.

Die enge Verbindung zwischen positivem Denken und Erfolg

Die beschriebene Theorie bezeichnet die Psychologin Fredrickson als **„broaden and build theory"**. Hinter der Bezeichnung verbirgt sich ein tieferer Sinn. Denn durch positives Denken erweitern Sie nicht nur Ihren Horizont und den Handlungsspielraum. Vielmehr erlangen Sie neue Fähigkeiten, die Sie in vielen Lebensbereichen sinnvoll nutzen können.

Deutlich wird das, wenn Sie sich einfach einmal in Ihre Kindheit zurückversetzen, als Sie den ersten Kontakt mit anderen Kindern hatten. Diese Begegnungen haben dazu geführt, dass Sie sich soziale Fähigkeiten wie kommunikative Qualifikationen und Empathie angeeignet haben. Durch spielerisches Entdecken erfolgte das Lernen. Es wurde Ihre Neugier geweckt und der Kreativitätssinn erweitert.

Gleichzeitig kam es zu einer Entwicklung von psychologischen Fähigkeiten, wozu auch die Ausdauer zugehört.

Ihre erlernten Fähigkeiten und Qualifikationen machen Sie zu dem Menschen, der Sie heute sind. Gleichzeitig tragen sie dazu bei, dass Sie erfolgreich sind. Manifestieren Sie den Gedanken in Ihrem Kopf, dass eine bejahende Denkweise nicht nur ein Glückszustand ist, der lange erhalten bleibt. Vielmehr ist positives Denken eine langfristig wirkende Macht, Ihr Leben positiv zu gestalten und ihm gleichzeitig einen höheren Stellenwert zu geben. Positives Denken bringt Sie dazu, selbsterfüllter zu leben und mit Ihnen selbst zufrieden zu sein.

Haben Sie das gewusst? Herbeigeführte Glücksgefühle durch positive Gedanken führen deutlich eher zum Erfolg! Nicht andersherum! Diese Erkenntnis beruht auf einer Studie, die mit über 257.000 Teilnehmern durchgeführt und in der wissenschaftlichen Fachzeitschrift

„Psychological Bulletin" veröffentlicht wurde.
Damit gibt es einen Beleg dafür, dass glückliche
Menschen beliebter, selbstbewusster und
energiegeladener sind. Und genau das ist es,
was diese Menschen insgesamt so erfolgreich
macht!

Positives Denken trainieren und eine bessere Lebensqualität erlangen

Positives Denken stärkt Ihr Selbstvertrauen. Sie können Ihre gesetzten Ziele verwirklichen, mehr Erfolg haben, Karriere machen und ein starkes Selbstbewusstsein erreichen. Zudem gibt es positive Nebenwirkungen, die sich erfolgversprechend darstellen:

- Sie können neue Fähigkeiten entdecken und lernen Chancen zu erkennen.
- Sie haben ein breiteres Spektrum an Möglichkeiten zur Auswahl.
- Sie besitzen eine bessere Problemlösungskompetenz.
- Sie sind glücklicher und haben bedeutend mehr Energie.
- Sie sind kreativer.
- Sie sind resilienter.
- Sie haben durch das gestärkte Selbstbewusstsein eine positive, ansteckende Ausstrahlung.

- Sie wirken vertrauenswürdiger.

- Ihre zwischenmenschlichen Beziehungen sind auf einem befriedigenden Niveau angesiedelt.

- Negative Ereignisse haben nur wenig Einfluss. Stattdessen nutzen Sie diese als Erkenntnisse und neue Chance.

- Sie sind toleranter.

- Sie haben einen besseren Überblick über komplexe Sachverhalte und können diese einordnen.

- Sie erzielen bessere Ergebnisse in Prüfungen und Tests.

- Sie können sich durch Ihre Körpersprache aussagekräftiger und bewusster darstellen.

- Sie haben soziale Kompetenz, sind beliebter und erfolgreicher.

- Sie leben länger und sind gesünder. (Das ist sogar wissenschaftlich erwiesen)

- Sie sehen das „große Ganze" und haben dadurch im Beruf und auch privat Erfolg.

Also stecken Sie bei negativen Situationen und Ereignissen nicht den Kopf in den Sand. Nutzen Sie die Kunst des positiven Denkens, ziehen Sie Ihre Schlüsse aus den negativen Dingen und ergreifen Sie die Chance, die Ihnen geboten wird. Genau das bringt auch das alte Sprichwort aus Uganda zum Ausdruck.

Zitat: *„Wende Dein Gesicht der Sonne zu, dann fallen die Schatten hinter Dich!"*

Nur wer seinen Schatten hinter sich lässt und sich von der Negativität verabschiedet, hat den Blick frei für ein Leben voller Sonne, Energie und Lebensfreude.

In 25 Schritten positiv Denken lernen

Die innere Einstellung zu ändern und positives Denken für den eigenen Erfolg zu nutzen ist gar nicht so schwer, wie es vielleicht im ersten Moment aussieht.

Sie brauchen dafür lediglich Motivation, Selbsterkenntnis und das große Ziel, endlich glücklich und erfolgreich zu sein.

1. Akzeptanz lernen und sinnvoll nutzen!

Der erste wichtige Schritt ist das Akzeptieren von Situationen und Ereignissen, die Sie sowieso nicht ändern können. Betrachten Sie diese lieber genauer und nutzen Sie diese zum Lernen.

Der Ärger, der sich bei Ihnen einstellt, genauso wie die Gedanken, die Sie sich machen, bremsen Sie nur aus und vergeuden wertvolle Energie, die Sie deutlich sinnvoller nutzen können. Befreien Sie sich von negativen Gedanken, indem Sie Lösungen für das jeweilige Problem aufschreiben.

Damit treten Sie aus der Negativspirale heraus und gehen konstruktiver an das Ereignis oder das Problem heran.

2. Zeigen Sie sich Ihre Stärken und Schwächen auf und suchen Sie nach Verbesserungsvorschlägen für Ihre Schwächen!

Jeder Mensch ist mit Stärken und Schwächen ausgestattet, welche ihn in seiner Denkweise und Persönlichkeit beeinflussen. Immer wieder heißt es, dass Sie Ihre Stärken ausbauen sollten. Doch was machen Sie mit Ihren Schwächen? Sehen Sie diese nicht als Laster, sondern als Herausforderung, etwas zu verändern. Denn auch Schwächen sind ausbaufähig. Um damit arbeiten zu können, müssen Sie sich ihrer bewusst werden.

Da Schwächen oftmals einen bitteren Beigeschmack haben, will man ihnen gar nicht in die Augen schauen und lieber verdrängen. Situationen, in denen eine Schwäche zum Vorschein kommen könnte, werden galant vermieden.

Wer sich aber seinen Schwächen stellt, sich damit auseinandersetzt und Lösungsmöglichkeiten niederschreibt, hat es leichter, daran zu arbeiten.

Sie haben sich durch das Aufschreiben bereits Gedanken gemacht und mit der Problematik auseinandergesetzt.

3. täglich mindestens ein positives Ereignis aufschreiben!

Wenn Ihnen spontan ein positives Erlebnis einfällt, schreiben Sie dieses einfach auf. An einem Tag passieren so viele Dinge, dass Sie schnell den Überblick verlieren und schöne Dinge schlichtweg vergessen.

Das Aufschreiben von positiven Erlebnissen bauen Sie in Ihre täglichen Routinen ein.

Jedes Mal, wenn Sie das Blatt Papier in die Hand nehmen, sehen Sie, dass ein Tag viele positive Erlebnisse hatte. Sie sind wie Sonnenstrahlen im tristen Alltag. Und ohne Sonne gäbe es niemals einen Schatten.

Info: *Haben Sie gewusst, dass das Journal of Research in Personality in einer Studie das Aufschreiben von positiven Erlebnissen untersucht hat? Insgesamt haben an der Studie 90 Probanden teilgenommen.*

Die Hälfte davon musste täglich ein positives Ereignis ausschreiben. Die andere Hälfte hingegen musste einen Text zu einem bestimmten Thema erstellen. Das Ergebnis der Studie ist eindeutig.

Die Probanden, die täglich ein positives Erlebnis aufgeschrieben haben, verfügen über einen besseren Gesundheits- und Gemützustand als die anderen Teilnehmer.

4. Belohnen Sie sich, wenn ein Ziel erreicht ist!

Der Mensch ist sich im Allgemeinen gar nicht bewusst darüber, was er eigentlich an einem Tag alles erreicht und leistet. Das beginnt morgens früh mit dem Aufstehen und dem Alltag, der danach folgt. Alleine diese Meisterleistung ist schon Grund genug für eine Belohnung.

Indem Sie sich belohnen, steigern Sie Ihre Motivation und gehen positiver an unterschiedliche Aufgaben heran. Visualisieren Sie die Belohnungen, indem Sie diese genauso, wie wichtige Termine in Ihrem Kalender aufschreiben. Es gibt viele Möglichkeiten, sich selbst zu belohnen.

➢ ein Konzert besuchen

➢ mit Freunden essen gehen

➢ ein Kinobesuch

➢ ein Wellnesstag in der Sauna

➢ ein neues spannendes Buch kaufen

➢ einen coolen Städtetrip, wenn ein
  größeres Ziel erreicht ist

Belohnungen, positive Erlebnisse, Ihre Stärken und Schwächen können Sie auch in einem Motivationsbuch aufschreiben. So haben Sie alle wichtigen Punkte an einem Ort zusammengefasst, können immer wieder hineinschauen und feststellen, wie sich Ihr Denken verändert hat.

Jeden wichtigen Punkt, den Sie abgearbeitet haben, können Sie durchstreichen und klar erkennen, dass sich etwas bewegt. Es fühlt sich einfach gut an!

5. Nutzen Sie andere Menschen als Inspiration

In Ihrem Umfeld gibt es garantiert Personen, die Sie sehr inspirierend finden. Genau diese Personen sind es, die Sie Ihrem positiven Denken ein Stück weit näherbringen.

Mindestens so viel Inspiration finden Sie in Büchern, Liedtexten, Filmen und kleinen Geschichten. Nutzen Sie kleine Lebensweisheiten, um das positive Denken zu fördern.

In Ihre Morgenroutinen eingebunden geben Sie Ihnen das richtige Rüstzeug für den Tag mit auf den Weg, sodass Sie gut gelaunt und voller Energie in den Tag starten.

6. Schauen Sie bei Ihrer Wortwahl genau hin und verbannen Sie negative Wörter aus Ihrem Wortschatz!

Es gibt Menschen, denen ist Zynismus in großen Lettern auf die Stirn geschrieben. Zu finden sind solche Personen auf der Arbeit, in sozialen Netzwerken und sogar im privaten Umfeld. Zu 80 Prozent drehen sich Gespräche mit ihnen um ihre Lebensgeschichte. Dabei steht im Vordergrund, wie krank sie sind und wie schlecht es ihnen geht. In jedem Satz verbirgt sich eine Beschwerde oder Kritik.

So möchten Sie doch garantiert nicht auf andere wirken. Denken Sie immer daran, dass Negativität schlimmer als eine ansteckende Krankheit ist.

Tipp: *Versuchen Sie ab sofort ganz bewusst zu sprechen und Ihre Wörter gut auszuwählen. Vermeiden Sie ständiges Jammern und Nörgeln sowie negative Adjektive.*

Natürlich dürfen Sie immer noch über einen schlechten Tag schimpfen. Das ist besser, als den Frust herunterzuschlucken. Er ist schwer verträglich und liegt Ihnen schwer im Magen.

Haben Sie sich genug aufgeregt, sollten Sie am Ende über die Situation oder das Erlebnis lachen. Humor und Lachen befreit und sorgt dafür, dass Sie selbst den schlechtesten Tag gut überstehen.

7. Verwandeln Sie Negatives in nutzbringende Ideen!

Machen Sie sich klar, dass Ihre Gedanken Ihre Lebensweise bestimmen. Auch wenn Sie jetzt gerade eine schwierige Phase durchmachen, sollten Sie immer die Kontrolle über Ihre Gedanken haben.

Ihre Gedanken kontrollieren Sie am besten, wenn Sie sich das nächste Mal vor Augen führen, dass sich negative Gedanken eingeschlichen haben. Eine einfache Faustregel hilft Ihnen dabei, negative Gedanken zu entlarven und mit positivem Denken zu beginnen.

„Sagen Sie nichts zu sich selbst, was Sie nicht auch anderen sagen würden!"

Ein kleines Beispiel: Anstatt zu denken, dass Sie von Ihrer neuen Kollegin nicht gemocht werden, denken Sie besser, dass alles gut laufen wird.

Sich Sorgen machen ist menschlich! Damit führen Sie eine positive Sichtweise herbei.

Wie sagte Buddha einst sehr weise:

Zitat: *"The mind is everything. What you think you become!"*

8. Lachen Sie öfter über sich selbst und lächeln Sie Ihre Mitmenschen an!

Wer eine andere Person anlächelt, bekommt ein Lächeln zurück! Mit Lächeln und Lachen wird eine positive Lebensweise und positives Denken verbunden. Starten Sie ruhig einmal ein kleines Experiment. Über das Ergebnis werden Sie erstaunt sein!

Lächeln Sie doch einfach eine wildfremde Person an der Bushaltestelle oder in der Straßenbahn auf dem Weg zur Arbeit an und schauen Sie, wie diese Person reagiert. Sicher bekommen Sie ein Lächeln zurück, weil Sie als positiver Mensch wahrgenommen werden.

Das kleine Lächeln der fremden Person fördert Ihr positives Denken und hebt Ihre Laune.

9. Drücken Sie mit Ihrer Körperhaltung Ihre positive Einstellung aus!

Ihre Körperhaltung ist das Spiegelbild Ihrer Denkweise. Andere Menschen können daran ablesen, ob Sie positiv oder negativ denken.

Menschen mit einer positiven Denkweise haben einen aufrechten Gang, halten die Schultern gerade und zeigen sich in Ihrer vollen Größe.

Wem es an Selbstbewusstsein und einer positiven Einstellung fehlt, zeigt dieses in einer gebeugten Körperhaltung, mit hängenden Schultern, um nicht aufzufallen.

Sie suchen auch nicht den direkten Blickkontakt, sondern wenden die Blicke immer wieder ab. Starten Sie doch einmal einen Selbsttest. Treten Sie vor einen großen Spiegel, nehmen Sie eine kerzengerade Körperhaltung ein, strecken Sie das Kinn nach vorne und schauen Sie sich selbst in die Augen.

Wie fühlt sich das an? Schnell spüren Sie, dass sich Ihre Stimmung positiv verändert und Sie Energie und Tatendrang versprühen. Genau das Gleiche passiert, wenn Sie den Kopf einziehen, die Schulter hängen lassen und sich klein machen, nur im umgekehrten Sinne. Sofort spüren Sie Niedergeschlagenheit und Energielosigkeit.

Da die Körperhaltung Ihre Gedanken beeinflusst, sollten Sie diese immer wieder kontrollieren. Durch positives Denken stellt sich ganz automatisch eine gute, aufrechte Körperhaltung ein, weil Sie keine Angst davor haben, sich einer neuen Herausforderung zu stellen.

Mit einer aufrechten Körperhaltung erzeugen Sie nicht nur ein selbstbewussteres Bild, sondern strahlen auch Selbstbewusstsein aus.

10. Lesen Sie öfter positive Nachrichten!

Wenn Sie die Tageszeitung durchblättern oder im Internet nach Informationen und News schauen, finden Sie fast ausschließlich Hiobsbotschaften und negative Schlagzeilen.

Sie fühlen sich niedergeschlagen, weil die Welt anscheinend nur noch aus Gewalt, Terror, Krieg, Verbrechen und wenig konstruktiven Polit-Debatten besteht.

Es gibt auch ganz viele schöne Dinge auf dieser Welt. Wer nur „positive Nachrichten" verfolgt, findet viele schöne Ereignisse, über die täglich berichtet wird. Sie stehen im genauen Gegensatz zu den kommerziellen Nachrichten und sorgen für ein positives Gefühl.

11. Setzen Sie sich langfristige Ziele und überlegen Sie, warum Sie genau dieses Ziel erreichen wollen!

Um nicht sinnfrei in den Tag hineinzuleben, sind Ziele genau der richtige Weg. Neben langfristigen Zielen sollten Sie sich auch kleine Ziele suchen. Sie sind ein Ansporn, verleihen Lebensqualität und fördern die Selbstmotivation. Das Motivationsbuch ist ein guter Platz, um Ihre Ziele aufzuschreiben und sie sich immer wieder vor Augen zu führen. Schreiben Sie neben dem Ziel auch auf, warum Sie unbedingt genau dieses Ziel erreichen möchten.

Langfristige Ziele sollten Sie in kleinere Zwischenziele unterteilen. Die Teilerfolge sorgen dafür, dass Sie am Ball bleiben. Sie sehen, wie Sie Ihrem großen Ziel immer ein Stück näherkommen.

12. Ein gesunder Lebensstil steht in enger Verbindung mit Körper und Psyche

Heute ist es kein großes Geheimnis mehr, dass Sport und Bewegung glücklich machen. Der Körper setzt bei sportlichen Aktivitäten Endorphine frei, die Ihnen ein Glücksgefühl bescheren. Sport und Bewegung können noch viel mehr! Beides verändert auch Ihren Körper. Sie bauen Muskeln auf, bekommen ein definiertes Erscheinungsbild und wirken dadurch deutlich selbstbewusster. Wenn Sie in den Spiegel schauen, gefällt Ihnen das, was Sie sehen. Dafür müssen Sie nicht zwangsläufig in ein Fitnessstudio gehen. Machen Sie regelmäßig eine lange, ausgedehnte Radtour und gehen Sie täglich mindestens 10.000 Schritte. Es wird sich ein anderes Körpergefühl einstellen und eine bejahende Denkweise ergeben. Als schöner Nebeneffekt verbessert sich Ihre Gesundheit.

Binden Sie Bewegung und sportliche Aktivitäten in Ihren Tagesablauf mit ein.

Achten Sie auch auf Ihre Ernährung. Anstatt Burger, Pizza & Co. sollten Sie sich gesund und ausgewogen ernähren. In Bezug auf das Wohlbefinden und die Psyche spielt die Ernährung eine tragende Rolle. Wenn Sie sich in Ihrem Körper wohlfühlen, hat dies positive Auswirkungen auf Ihre Psyche.

Zitat: *„Man muss dem Körper Gutes tun, damit die Seele Lust hat, darin zu wohnen!"* (Winston Churchill)

Tipp: *Wenn Sie 80 Prozent des Tages am Schreibtisch sitzen, können Sie trotzdem etwas für Ihr Wohlbefinden und die Gesundheit machen. Mit einem ordentlichen Drehstuhl und der richtigen Sitzposition haben Sie einen positiven Einfluss auf Ihre Körperhaltung und vermeiden Verspannungen.*

Verwenden Sie einen Schreibtisch, der in der Höhe verstellbar ist. So haben Sie die Möglichkeit, zwischen einer sitzenden und stehenden Körperhaltung zu wechseln.

Das Mini-Workout am Arbeitsplatz hält Sie auch während den langen Arbeitsstunden fit und verbreitet gute Laune!

13. Suchen Sie in Ihrem sozialen Umfeld nach positiven Dingen!

Gute Laune hat eine ganz besondere Wirkung, da sie ansteckend ist. Umgeben Sie sich überwiegend mit positiven Menschen, denn diese Positivität färbt auf Sie ab, wirkt inspirierend und macht glücklich. Haben Sie nach einer Zusammenkunft mit anderen Menschen ein bedrückendes niedergeschlagenes Gefühl, ist dafür die negative Ausstrahlung dieser Menschen verantwortlich.

Fühlen Sie sich aber energiegeladen, voller Tatendrang und glücklich, haben Sie sich von der Energie und dem positiven Denken anstecken lassen.

Die ungeheure Kraft der positiven Empfindungen beflügelt Sie, Dinge anzupacken und vorwärts zu schauen.

Das sind Erlebnisse und Empfindungen, die Ihnen nur ein positives Umfeld bietet.

Zitat: *„People will forget what you said, people will forget what you did, but people will never forget how made them feel. "*(Maya Angelou)

14. Momente hinterfragen und herausfinden, was Ihnen guttut!

Eine schöne Möglichkeit, um sich an besondere Dinge zu erinnern und daraus Energie zu schöpfen, ist das Innehalten und über die unterschiedlichen Augenblicke am Tag nachzudenken.

Es gibt Tage, die gut laufen und andere, an denen Situationen eintreten, die eine negative Stimmung verbreiten.

Auch schlechte Tage haben eine Daseinsberechtigung und bieten Ihnen besondere Momente, die Sie auf den ersten Blick nicht sehen.

Doch der zweite Blick offenbart Ihnen, was der jeweilige Moment an Gutem für Sie bereitgehalten hat. Selbst das größte Desaster oder Missgeschick hat eine gute Seite. Diese müssen Sie nur erkennen.

Das Herauskristallisieren von positiven Dingen
ermöglicht Ihnen eine neue, veränderte
Sichtweise und hilft Ihnen dabei, positives
Denken zu erlernen.

Durch Hinterfragen, herausfinden und
erkennen, was Ihnen guttut, leben Sie deutlich
bewusster.

15. Lachen Sie so viel und so oft wie möglich!

Lachen Sie nicht nur mit Freuden zusammen über lustige Situationen oder Erlebnisse, sondern auch über sich selbst.

Diejenigen, die über sich selbst lachen und sich gleichzeitig nicht so ernst nehmen, haben sofort eine sympathischere Ausstrahlung. Lachen schafft zwar keine Veränderung der momentanen Situation, dient aber als gutes Ventil und verhindert, dass der Ärger über den kleinen Fehltritt als negative Belastung den ganzen Tag erhalten bleibt. Missgeschicke sind menschlich. Davon geht nicht gleich die Welt unter. Wichtig ist, dass Sie die Situation akzeptieren, sich Ihren Fehler eingestehen und herzlich darüber lachen. Denn Sie können die Situation weder ändern noch rückgängig machen.

16. Sie sind Ihr eigener Lebensschöpfer und kein Opfer!

Immer wieder gibt es Schicksalsschläge und gravierende Veränderungen, auf die Sie keinen Einfluss nehmen können. Sie gehören zum Leben einfach dazu. Trauern Sie ruhig und reden Sie darüber.

Schlüpfen Sie aber nicht in die Opferrolle. Sie ist nicht die Rolle in Ihrem eigenen Theaterstück, die Ihnen auf den Leib zugeschnitten ist. Sie schwächt Ihr Selbstbewusstsein, schürt Ängste, hat eine lähmende Wirkung und entmachtet Sie.

„Durch den zeitintensiven Job habe ich gar keine Zeit mehr für mich selbst!" Kommt Ihnen dieser Satz bekannt vor? Sie haben ihn bestimmt auch schon verwendet, vielleicht in einem anderen Zusammenhang. Stopp! Seien Sie ehrlich!

An dieser Situation sind Sie nicht ganz unschuldig, weil Sie sich zum Opfer machen. Um etwas zu verändern, benötigen Sie ein gewisses Maß an Mut und Risikobereitschaft, da Sie Ihre negative Denkweise in positives Denken umwandeln müssen.

Das Glück liegt in Ihrer Hand und Sie haben alle Freiheiten, um Ihr eigenes Leben und die dafür nötigen Schritte zu bestimmen. Setzen Sie Prioritäten, schaffen Sie Freiräume und legen Sie fest, was Ihnen wirklich wichtig ist, ohne sich von äußeren Einflüssen manipulieren zu lassen.

Es gibt nämlich nichts, was wichtiger ist als Sie selbst, schon gar nicht die Erwartungen, die andere an Sie stellen.

17. Starten Sie positiv in den Tag mit energiegeladenen Morgenroutinen

Energiegeladene, morgendliche Routinen sind tolle Angewohnheiten, weil Sie dadurch jede Menge Energie und einen unbeschreiblichen Tatendrang erlangen, der über den ganzen Tag für Sie verfügbar ist. Früh aufstehen und Morgenrituale, die Ihnen Freude bereiten, haben positive Auswirkungen auf Ihren Gemütszustand und Ihre Motivation.

Stellen sich dafür ein Zeitfenster zur Verfügung, um den Tag ohne Stress zu beginnen.

Nach dem Aufstehen haben Sie genügend Zeit, um sich zu sammeln, die Gedanken zu sortieren und Pläne für den Tag zu schmieden.

Schlafen Sie hingegen bis zur letzten Minute, haben Sie die wichtige Zeit für sich selbst verschwendet. Nun muss es schnell gehen, damit Sie rechtzeitig auf der Arbeit sind.

Für energiegeladene Morgenroutinen ist kein
Platz. Der Stress nach dem Aufstehen wird Sie
den ganzen Tag über begleiten und das
positive Denken nachhaltig negativ
beeinflussen.

Tipp: *Dehnübungen, ein Glas Zitronenwasser
oder ein gesundes Frühstück wirken besonders
vitalisierend, regen den Stoffwechsel an und
setzen Energie frei. Probieren Sie es einfach
einmal aus!*

18. Den Terminplaner für Arbeits- und Freizeittermine nutzen!

Arbeit ist wichtig, da Sie durch das verdiente Geld Ihr Leben finanzieren. Das ist richtig! Doch gibt es auch noch andere Dinge im Leben. Wer viel arbeitet und gute Leistung erbringt, muss sich auch ein Zeitfenster für die Freizeit gönnen. Diese Zeit ist für Körper und Seele extrem wichtig, auch wenn Work-Life-Kritiker dazu eine ganz andere Einstellung haben.

Schauen Sie sich einmal Ihr Zeitmanagement an und schaffen Sie sich Freiräume für Ihre Freizeittermine. Letztendlich ist Zeitmanagement nichts anderes als eine gut geplante Selbstorganisation, die in Ihren Händen liegt. Gönnen Sie sich die Stunde am Tag für Sport oder andere Dinge, die Sie gerne machen.

Das Aufschreiben der Freizeittermine in Ihrem Terminkalender hat noch einen schönen Nebeneffekt.

Sie geben Ihnen ein tolles Gefühl, weil neben den unzähligen Arbeitsterminen der Freizeittermin steht, auf den Sie sich den ganzen Tag freuen können. Dieses positive Gefühl hilft Ihnen dabei, selbst in stressigen oder unschönen Situationen positives Denken beizubehalten.

19. Stärken Sie Ihr Selbstbewusstsein!

Menschen mit einem positiven Selbstbild verfügen ganz automatisch über eine positive Denkweise. Sie haben Vertrauen in sich selbst und blicken optimistisch in den Tag und auf die Dinge, die Ihnen begegnen.

Diese Menschen haben ein Wissen um Ihre Stärken und Schwächen und kennen diese ganz genau. Nehmen Sie sich solche Menschen und suchen Sie nach Parallelen, gleichen Verhaltensmustern und Eigenschaften.

Sie werden viele Dinge erkennen und sehen, dass Sie selbst ein einzigartiger Mensch sind.

20. Gehen Sie hinaus in die Welt und lösen Sie sich von sozialen Medien!

Sie öffnen Facebook, Twitter oder Instagram und sehen, dass Ihre Freunde etwas gepostet haben.

Die einen sind schon wieder im Urlaub und vergnügen sich am Strand, die anderen machen eine spannende Bergtour und Sie sitzen in Ihrem Büro und müssen sich durch Aktenberge quälen. In der Chronik eines weiteren Freundes lesen Sie, was dieser innerhalb kürzester Zeit alles erreicht hat.

Sie ziehen Vergleiche zu Ihrem eigenen Leben und halten sich vor Augen, wo Sie momentan stehen. Halt! Stopp! Hören Sie sofort mit diesen negativen Gedanken und den Vergleichen mit anderen auf. Diese Denkweise bringt Sie nur in eine Abwärtsspirale.

Hören Sie auf, Ihr Leben in Social Media Kanälen zu leben und legen Sie den Fokus auf die Dinge, die Ihnen guttun. Damit verhindern Sie, dass Sie in eine Abwärtsspirale geraten. Sie haben in Ihrem Leben schon so vieles erreicht und Sie können noch viel mehr bewerkstelligen. Befreien Sie sich langfristig von Ihrem selbst erzeugten Druck und konzentrieren Sie sich auf sich selbst. Es stellt sich Zufriedenheit und vor allen Dingen eine positive Einstellung ein. Die langfristige Entwöhnung ist genau der richtige Kick für Ihre positiven Gedanken.

21. Mit Hilfe von Meditation Kraft schöpfen!

Meditation ist das richtige Werkzeug, um der Welt mit ihren vielen Informationen zu entfliehen und sich auf sich selbst zu konzentrieren.

Indem Sie auf Ihre Atmung achten und alles andere ausblenden, erleben Sie einen ganz neuen Betrachtungswinkel, der Ihnen bisher verborgen geblieben ist.
Meditation hat einen tollen Lerneffekt. Sie verbannen dabei die negative Denkweise aus Ihrem Kopf, schaffen Platz und haben eine bessere Kontrolle über Ihre Gedanken. Nehmen Sie sich die Zeit, zwischendurch zu meditieren und auf sich selbst zu konzentrieren. Damit trainieren Sie positives Denken.

22. Suchen Sie sich Projekte, um in der Welt etwas zu bewegen!

Negative Gedanken entstehen, weil Menschen sich machtlos fühlen und sich die Empfindung breit macht, dass Sie ganz alleine auf weiter Flur sind. Die Aussage *„gemeinsam sind wir stark und können Großes erreichen"* verliert ihre einzigartige Kraft, da sich durch die negativen Gedanken nur noch mit sich und seinen eigenen Problemen beschäftigt wird.

Oftmals sind es schon kleine Gesten, die die Welt positiver erscheinen lassen und sogar schöner machen. Warum helfen Sie nicht einmal einer älteren Dame mit ihren schweren Einkaufstaschen, einem älteren Herrn über die Straße oder einer jungen Mutter mit Kinderwagen ein unüberwindbares Hindernis zu überwinden?

Warum beteiligen Sie sich nicht an einem interessanten Spendenprojekt?

Die Möglichkeiten sind schier unendlich, um anderen Menschen eine Freude zu bereiten. Sie werden auch selber davon profitieren, weil sich ein gutes Gefühl breitmacht.

23. Der Fokus liegt auf der Gegenwart!

Ihr Leben findet im Hier und Jetzt statt, nicht in der Zukunft und schon gar nicht in der Vergangenheit! Bei einer gedanklichen Reise in die Vergangenheit oder Zukunft sind Sie zwar körperlich anwesend, aber gedanklich in einer ganz anderen Welt.

Leben Sie in der Gegenwart. Denn hier passiert das Leben und es ist kein Platz für Illusionen. Schaffen Sie Klarheit und begreifen Sie, dass „Gestern" und „Morgen" nur Konzepte sind. Im Hier und Jetzt stehen Sie mittendrin, verlieren Sie sich nicht in der Vergangenheit und jagen keinen Zukunftsträumen hinterher, für die Sie in der Gegenwart den Grundstein noch nicht gelegt haben.

24. Tauschen Sie schlechte Gewohnheiten gegen positive aus!

Das Unterbewusstsein ist der Ort, an dem 95 Prozent aller Entscheidungen getroffen werden. Zudem gibt es unterschiedliche Angewohnheiten, gute und schlechte, die Ihre Entscheidungen beeinflussen, Sie aber nicht weiterbringen und viel kostbare Zeit stehlen.

Ein Beispiel für Zeitdiebe sind soziale Netzwerke. Bei Facebook, Twitter, Instagram & Co. wird immer dann vorbeigeschaut, wenn Langeweile aufkommt und Sie Ihre Neugier befriedigen wollen.

Aus einem kurzen hineinschauen wird schnell eine Stunde und mehr, sodass Sie viel kostbare Zeit und Energie verschwenden, die Sie anderweitig viel sinnvoller nutzen können.

Mit einem Masterplan gelingt es Ihnen schlechte Gewohnheiten zu enttarnen und abzulegen und gegen gute, positive auszutauschen. Jedes Mal, wenn Sie eine schlechte Gewohnheit aufgespürt und gegen eine gute ausgetauscht haben, machen Sie an dem Tag einen Haken in Ihrem Kalender.

Es kann Ihnen aber auch passieren, dass Sie schlechte Gewohnheiten unbewusst wieder aufgreifen. Wird Ihnen das bewusst, handeln Sie sofort und ersetzen Sie diese durch eine gute, positive Gewohnheit.

25. Rufen Sie sich regelmäßig Ihre bisher erreichten Erfolge ins Gedächtnis!

Wenn Sie einmal darüber nachdenken, wird Ihnen bewusst, wie viele positive Dinge in recht kurzer Zeit passiert sind. Genau diese positiven Veränderungen sind Ihr Brunnen, aus dem Sie immer wieder ein unbeschreiblich gutes Gefühl abschöpfen können.

Schaffen Sie sich Freiräume, um Ihre Erfolge zu visualisieren und zu feiern. Lernen Sie die Resultate zu schätzen und entwickeln Sie das Bewusstsein dafür, dass Sie ganz alleine mit Ihren positiven Gedanken erfolgreich waren und das Ziel erreicht haben.

Positiv denken, langfristig zufrieden werden und ein erfülltes Leben führen

Jetzt ist der Zeitpunkt gekommen, an dem Sie sich noch einmal die Frage stellen sollten, ob das Glas nun halb leer oder halb voll ist. Wenn Ihre Antwort „halb voll" lautet, haben Sie den richtigen Weg gefunden, um mit positivem Denken erfolgreich zu sein. Sie haben es nämlich geschafft, Ihre Einstellung und Denkweise zu überdenken und den Ehrgeiz geweckt, etwas verändern zu wollen.

In allen Lebensbereichen bietet positives Denken nur schöne Vorteile. Das Beste ist aber, dass Sie positives Denken lernen können! Gehen Sie mit sich selbst auf Entdeckungsreise und finden Sie Fähigkeiten, die ganz tief in Ihnen schlummern und bisher noch nicht genutzt wurden.

Sie entdecken damit neue
Entfaltungsmöglichkeiten, die Sie zufriedener
und Ihr Leben lebenswerter machen.
Wenn Sie die Hauptgründe für Ihre negative
Denkweise kennen, sind Sie in der Lage, diese
ins Positive zu verändern, Selbstbewusstsein
aufzubauen und eine einzigartige Ausstrahlung
zu erhalten. Das ist es, was andere Menschen
wahrnehmen, wenn Sie diesen begegnen.

Es sind nicht teure Kleidungsstücke, ein
schickes Auto und die Worte, die Sie sagen,
sondern die Energie Ihrer Ausstrahlung, die
andere Menschen auf Sie aufmerksam macht.
Sie spiegelt Ihr positives Denken, Ihre
Zufriedenheit und Dankbarkeit wider. Durch
positives Denken erreichen Sie alles, was Sie
wollen. Sie machen Karriere, sind finanziell
unabhängig und leben ein erfülltes Leben.

Der richtige Weg führt zum Ziel

Wie Sie zu Erfolg und Wohlstand gelangen, ist kein Geheimnis. Dahinter stecken nur Techniken und spezielle Strategien, die Ihnen dabei behilflich sind, schneller und auf direkterem Weg Ihr Ziel zu erreichen. Geboten werden Ihnen unendliche viele. Sie funktionieren aber nicht bei jedem. Darum gibt es auch nicht die ultimative Technik oder Strategie, die bei 99,9 Prozent der Menschen funktioniert.

Es gibt aber die vielen verschiedenen Möglichkeiten, die Sie zum Erfolg führen können. Erfolgreich zu werden liegt nur an Ihnen und nicht an der gewählten Technik. Sie sind derjenige, der den Willen haben muss, mehr Wohlstand, mehr Erfolg und mehr Reichtum zu generieren. Das mag sich jetzt seltsam anhören. Um etwas zu verändern, müssen Sie an sich arbeiten.

Dann funktioniert es auch, mit positivem Denken erfolgreich zu werden.

Menschen streben grundsätzlich immer nach Wachstum und Erfolg. Dieses funktioniert aber nur, wenn Entfaltungsmöglichkeiten vorhanden sind und sie das Leben einem bestimmten Zweck widmen können. Und dann gibt es die Kategorie Mensch, die es nicht schaffen, sich zu entfalten und erfolgreich zu sein. Die Gründe sind tief in Ihrem Unterbewusstsein verwurzelt. Verantwortlich ist dafür die mentale Einstellung beziehungsweise das negative Mindset.

Durch eine neue Konditionierung gelingt es Ihnen aber das negative Mindset in ein positives zu verwandeln. Dazu gehört, dass eine positive Einstellung zu sich selbst und zum Leben erlangt wird, die sich in den eigenen Gedanken manifestiert. Damit legen Sie innerlich fest, was außen passiert.

Gedanken gestalten das Leben und geben dem Charakter seine Form. Darum ist klar, dass nur eine positive Denkweise der richtige Weg ist.

Mit positivem Denken halten Sie den Schlüssel zum Erfolg in Ihren Händen. Nutzen Sie Ihre Motivation, um täglich mehrere Stunden daran zu arbeiten und Sie kommen Ihrem Traum ein ganzes Stück näher. Die ganze Arbeit lohnt sich, wenn Sie dazu bereit sind, durch positives Denken erfolgreich zu werden und ein glückliches Leben zu führen. Rückblickend auf Ihr altes Leben sehen Sie, was Sie bis heute alles verpasst haben!

Max Krone

Weitere Inspirationsquellen und Bücher für Ihr Wachstum finden Sie unter Max Krone (in die Amazon Suchmaske eingeben) oder auch in den Büchern von Leoni Herzig, meiner persönlichen Lieblingsautorin in Sachen gezielter Persönlichkeitsentwicklung.

Haftungsausschluss und Impressum

Der Inhalt dieses Buches wurde mit sehr großer Sorgfalt erstellt und geprüft.
Für die Richtigkeit, Vollständigkeit und Aktualität des geschriebenen kann jedoch keine
Garantie gewährleistet werden.

Sowie auch nicht für Erfolg oder Misserfolg bei der Anwendung des gelesenen.
Der Inhalt des Buches spiegelt die persönliche Meinung und Erfahrung des Autors wider.
Der Inhalt sollte so ausgelegt werden, dass er dem Unterhaltungszweck dient.
Er sollte nicht mit medizinischer Hilfe verwechselt werden.

Juristische Verantwortung oder Haftung für kontraproduktive Ausführung oder falsches Interpretieren von Text und Inhalt wird nicht übernommen.

Impressum
Autor: Max Krone
vertreten durch:
MAK DIRECT LLC
2880W OAKLAND PARK BLVD, SUITE 225C
OAKLAND PARK, FL 33311
FLORIDA